AF366209

PALMA,

OU

L'ISLE

DE LA MONTAGNE NOIRE.

Ô Ciel est-ce une illusion!... Sidone!...

Binet del.   Mariage Sc.

PALMA,

OU

L'ISLE

DE LA MONTAGNE NOIRE.

Par J. A. GARDY.

A PARIS,

Chez ANCELLE. Libraire, rue du Foin-
S.-Jacques, collège de Me. Gervais, N°. 265.

An IX.—1801.

A MON AMIE.

Combien il doit m'être flatteur,
O ma fidèle et douce amie,
De voir Palma toute embellie,
Des traits de ton sensible cœur :
Si , pour modèle , mon pinceau
A choisi ta charmante image ;
C'est qu'en esquissant le tableau ,
Je te crus voir dans mon ouvrage.
Acceptes-en la dédicace :
Il n'est point alors de défaut
Que ton doux accueil aussitôt ,
Pour ma satisfaction n'efface.

GARDY , de Montpellier.

PRÉFACE.

QUIN morere, ut merita es,
ferroque averte dolorem.
VIRG. Eneïd.

QUI plus que l'héroïne de mon Roman peut se faire l'application de ce vers latin ? L'accusera-t-on ensuite de servir de modèle à l'immoralité ! Non, sans doute, quoique des passages peu voilés de ce livre lui attirent ce reproche ; c'est mon imagination seule qu'on doit accuser ; ce roman qui en est

le fruit, et dont je n'ai inno-
vé le sujet que pour tracer un
caractère de femme assez
connu, prouvera mon inten-
tion. Cette histoire, prise
dans la nature des passions,
paraîtra une des plus roma-
nesques, si elle trouve un lec-
teur mélancolique ; mais en
rencontrant un juge pacifica-
teur et devant qui fléchit et
s'évanouit toute critique, le but
de l'auteur sera rempli. Les
événemens resserrés s'y suc-
cèdent avec rapidité. Combien le canevas de cette Nouvelle aurait fructifié entre

les mains ingénieuses d'un *Ducray* , d'un *Pigault*. . . . Si Palma même eût été à traduire , nos traducteurs anglais n'auraient point manqué d'en faire six gros volumes in-12. Et voyez la bizarrerie ; on aurait passé quelques incorrections , en faveur de la *voluminité,* tandis quon ne m'en passera peut-être pas une seule en faveur de l'ennui que j'épargnerai.

Je crois que l'estime personnelle est la plus chère qu'un honnête homme puisse désirer ; aussi ne fais-je point de vœux pour m'en attirer d'autre. Je mets sous les yeux du public, *Palma*, avec la vive assurance qu'il n'accusera que l'ouvrage. Si, dans tous les cas, il ne pouvait lui plaire, l'auteur, au moins, sera respecté ; si, au contraire, il l'intéressait, je ne veux d'autre gloire, que celle d'avoir, deux minutes, concouru à ses plaisirs.

PALMA,

OU
L'ISLE
DE LA MONTAGNE NOIRE.

SOUS la domination du plus despote des Myrsas (1), et dans la riante vallée de Tarkow, vivait vers la fin du douzième siécle, une famille respectable, autant par ses vertus que par les malheurs qu'elle

(1) La puissance d'un Myrsas, en Asie était aussi étendue que celle des Seigneurs suzerains, en France, du tems du 15.e siécle.

A

venait d'essuyer. Le vieux Oleïd et
son épouse avaient été forcés de
fuir le toît de leurs ayeux , pour se
soustraire aux persécutions de l'infâme Mohaban , seigneur de Kedu-
kowa , qui avait tenté de leur enlever , à plusieurs reprises , Palma ,
leur bien le plus précieux. Ayant
échappé aux poursuites de Mohaban , Oleïd jugea à propos d'abandonner la Circassie , et de venir se
fixer dans la province du Daghestan.
Ce projet fut accueilli par tous ceux
qui lui étaient attachés , et particu-
lièrement par le jeune Dowisky ,
qui, dévoué à Palma ainsi qu'à son

père , voulut les accompagner dans
leur fuite. Après avoir gravi , non
sans quelque peine , les rochers dont
l'enchaînement forme la limite des
deux provinces , nos voyageurs
arrivèrent sur les bords de la mer
Caspienne , tout près de Tarkow ,
capitale du Daghestan. Là, avec le
peu d'argent que Dowisky possé-
dait et qu'il joignit à celui d'Oleïd ,
ils achetèrent une petite habitation.
Oleïd et sa famille croyaient passer
dans ce lieu le restant de leur vie ,
exempts du trouble et des inquié-
tudes que la passion criminelle de
Mohaban pouvait entraîner. Déjà,

A 2

la main de Palma allait être le prix que le vieillard reconnaissant réservait à son jeune protecteur, quand celui-ci, obligé de les quitter pour des raisons urgentes, partit pour Kodukowa, en rassurant ses amis sur la peine que son absence allait leur causer.

Ce départ précipité affecta très-fort la sensible Palma ; au moment où elle se félicitait intérieurement d'être unie à son jeune amant, elle s'en voit séparée. Lorsque des jours heureux lui semblaient devoir succéder à l'orage, elle est abandonnée de son tendre ami, de celui qui

eût pu la défendre de nouvelles persécutions , qui l'eût soustraite une
seconde fois aux tentatives de son
ravisseur , qui eût partagé ses plaisirs et ses peines , et soulagé ses bons
parens dans leur vieillesse.

Ces considérations attristèrent son
sensible cœur. Elle pleura ; elle s'a-
bandonna à la douleur ; au lieu
d'un doux repos dû à la société de
Dowisky , elle n'apperçoit plus
qu'un avenir sinistre, où seule avec
soi-même, loin de son amant , elle
passerait de longs jours dans les an-
goisses de l'absence, dans les ennuis
de la tristesse. Alors, elle ne le ver-

A 5

rait plus à ses côtés, il ne se mêle-
rait plus à ses jeux. Pour elle plus
de plaisirs, plus de bonheur. Dans
le silence des nuits, elle mouillerait
sa couche des larmes de l'affliction
la plus profonde. Tout se réunirait
pour l'accabler.

» Pourquoi nous fuit-il si vîte, se
» disait-elle ? et quelles raisons peu-
» vent le forcer à nous quitter si
» promptement ? Ah ! trop cruelle
» énigme, que mon cœur souffre à
» te deviner ! « C'était ainsi que
Palma se désolait, en semblant
présager les nouveaux malheurs qui
la menaçaient.

La lune renouvela deux fois son croissant, sans que cette famille intéressante eût des nouvelles du brave Dowisky. Oleïd , uniquement occupé de la pêche , croyait, par cette occupation , pourvoir aux besoins de ceux qui l'entouraient : mais c'était vainement qu'il espérait trouver des secours dans la seule ressource que la terre aride et brûlante qui les portait leur laissait entrevoir. Déjà, manquant du premier nécessaire , accablé par les efforts impuissants qu'il faisait, Oleïd allait succomber ; déjà , le nom d'ingrat était prononcé contre le jeune De-

wisky ; c'était à lui qu'ils semblaient devoir tous leurs malheurs,
quand le premier il les avait arra-
chés aux plus redoutables.

Un soir que la mer était dans son
calme et que les flots n'étaient point
agités par les vents en fureur, Oleïd
et son épouse montèrent dans un
frêle bateau et se disposèrent à vo-
guer au loin, sur le terrible élément.
Les jours précédents , leur pêche
avait été infructueuse ; ils crurent
qu'en se hasardant davantage, elle
répondrait mieux à leurs vœux. Leur
attente ne fut point trompée ; dans
peu ayant fait une ample provision

de poisson , ils ne songèrent qu'à
revenir joyeux vers leur demeure ;
mais hélas ! que cette joie passagère
fut bientôt remplacée par la frayeur
la plus grande ! A peine eurent-ils
abordé le rivage , que des cris per-
çans se firent entendre à eux. Ne
doutant point qu'ils ne partissent
de leur habitation , ils y dirigèrent
leurs pas avec vîtesse. O ciel ! qu'on
juge de leur douleur , en voyant des
satellites armés , entraîner Palma
loin de la chaumière. Oleïd , n'écoutant que sa rage , voulut se jetter
sur les ravisseurs de sa fille ; mais
ses forces éteintes par la pesanteur

des ans , mirent aussi-tôt son courage en défaut : il fut lui-même saisi
par quatre Tartares , qui l'attachèrent , ainsi que son épouse, à deux
gros arbres qui se trouvaient à l'entrée de leur asile champêtre ; les
autres emmenèrent Palma , en lais-
sant ignorer aux auteurs de ses jours
le sort qu'ils lui réservaient.

Une heure environ s'était écou-
lée depuis cette affreuse scène ; les
quatre Tartares commis à la garde
d'Oleïd et de sa femme , se trouvaient toujours auprès d'eux ; personne n'avait paru ; et ces derniers
étaient dans le plus grand accable-

ment , lorsqu'ils apperçurent venir
vers eux et avec précipitation un
jeune homme , dont la démarche
ne leur était point inconnue , mais
dont le brillant des habits annonçait une caste fort élevée. Quel fut
l'étonnement d'Oleïd , en recon-
naissantdans ce jeune homme, Dowisky , l'époux promis à sa fille !
Leur stupéfaction fut à son comble,
lorsque celui-ci , d'un air d'autorité,
ordonna aux Tartares de délier les
captifs et de s'éloigner ; qu'il répon-
dait d'eux. Après que son ordre fut
exécuté , Dowisky tomba dans les
bras d'Oleïd et de sa femme ; et

pendant que la surprise enchaînait
les paroles de ceux-ci, leur libérateur leur tint ce discours :

» Ma présence subite en ces lieux,
» les habits dont je suis revêtu, et
» la manière dont ces soldats m'o-
» béissent, tout vous étonne, Oleïd:
» eh bien! je vais augmenter votre
» surprise, en vous apprenant que
» vous voyez en moi le fils du bar-
» bare Mohaban. L'amour que je
» porte à votre aimable fille, m'a
» suggéré l'idée de ma métamor-
» phose ; j'ai voulu être aimé pour
» moi seul.

» Sachez que le jour où vous ame-
nâtes

» nâtes Palma à la cour de son ra-
» visseur, suivant les ordres qui
» vous en furent donnés, sa pré-
» sence excita dans mon ame des
» sentimens que je n'ai pu réprimer
» depuis; son âge, les charmes qui
» l'embellissaient, les traits enchan-
» teurs qui la distinguaient, où se
» peignaient à la fois la volupté
» pure d'une ame innocente et l'i-
» mage chérie de la mère du dieu
» de Cythère; son maintien mo-
» deste, sa candeur, un doux sourire
» qui lui échappa furtivement à la
» rencontre de mes yeux, tout en
» un mot me fit desirer le suprême

B

» bonheur de vivre sous ses loix.

» Bravant les préjugés de mon
» rang, je ne croyais point avoir à
» rougir en élevant Palma aux hon-
» neurs qui me sont dûs ; j'allais
» faire part de ma nouvelle flamme
» à mon père , lorsque j'apprends
» que lui-même s'en trouvait con-
» sumé. Sa passion m'ôta toutes
» mes espérances, sans m'ôter mon
» amour ; je le concentrais en moi-
» même, et me gardai bien de le
» faire éclater. Par la suite du tems,
« j'aimais mieux profiter d'une
« trêve que nous accordâmes aux
» Chowarés, pour franchir l'espace

» des mers qui me séparait de
» Palma, et me servir d'un nou-
» veau stratagéme pour la mettre
» en ma possession, que de l'aban-
» donner à Mohaban ; je laissai
» mon commandement au fameux
» Hali, et à l'insçu de mon père,
» qui me croyait à l'armée, je me
» rendis dans votre chaumière,
» sous l'habit d'un bourgeois de
» Kodukowa.

 » Vous savez le reste, Oleïd ;
» vous savez comme j'y fus ac-
» cucilli par vous, et qu'étant reçu
» en qualité d'orphelin, que des
» parens ambitieux voulaient per-

» dre, je ne tardai pas à faire par-
» tager mes sentimens à votre fille ;
» que redoutant aussi les embûches
» que mon père pouvait lui tendre,
» je voulus vous aider à la déro-
» ber à ses regards, et que je vous
» quittai ensuite : mais ce que
» vous ne savez pas, c'est que
» Mohaban, instruit que vous aviez
» fui la Circassie, mit des émis-
» saires après nous, qui ne purent
» me reconnaître, grace à mon
» déguisement, mais qui lui ren-
» dirent compte du lieu que vous
» étiez venus habiter.

» En ce moment il fut nommé,

» par le Schinkal (2), Myrsas de
» Tarkow ; et l'augmentation de
» sa fortune augmenta encore plus
» son amour pour Palma. Il profita
» de cette heureuse circonstance
» pour venir lui-même s'assurer de
» sa proie, et la conduire à son
» château de plaisance, tout près
» de la mer. Quand je vous quittai,
» c'était pour surveiller les actions
» de mon père, et si je n'ai pu par-
» venir à éloigner de lui une se-
» conde fois Palma, je parviendrai

____

(2) Le Schinkal, en Asie, est un prince
au dessus des Myrsas ; nommé par eux, il dis-
pose à son tour de leur souveraineté.

B 3

» du moins à l'arracher quelque
» jour de ses bras, pour la remettre
» dans les vôtres ; mon cœur, trop
» enflammé, ne saurait lui faire le
» sacrifice d'un objet qui a su le
» captiver pour jamais. «

Après que Dowisky eut parlé,
et qu'Oleïd et sa femme lui eurent
prodigué les témoignages de leur reconnaissance, ils songèrent au parti
qui leur restait à prendre : le terrible moment qu'ils venaient de passer, chassait de leur esprit les réso-
lutions qu'ils paraissaient devoir
adopter. Dowisky , aussi embar-
rassé que ceux qui partageaient son

infortune, ne savait à quoi se résoudre ; enfin une idée subite lui
vint dans l'esprit.

» Quelques soient les offres de
» Mohaban, leur dit-il, paraissez les
» refuser : sans doute il voudra que
» vous habitiez son palais ; dites lui
» que vous lui préférez votre chau-
» mière ; que vous ne la quitterez
» qu'à la mort : pour moi je pars et
» vais me rendre près de lui ; je
» préviendrai son esprit en votre fa-
» veur, et j'engagerai Palma à faire
» croire au Myrsas qu'elle est rési-
» gnée à son sort. Ce n'est qu'en
» feignant que nous pourrons trom-

» per les yeux vigilans de mon père;
« mon dessein est de lui enlever Pal-
» ma, et de fuir tous quatre ces cli-
» mats odieux, qui verraient sans
» cesse notre mauvaise destinée.
» Bon Oleïd, reposez-vous sur mes
» soins, je vous quitte et vais veiller
» sur mon bien le plus précieux. «

Il dit : et, d'un pas rapide, il
s'éloigne de ces lieux, avec les
quatre Tartares à qui il a fait signe
de le suivre. Monté sur son su-
perbe coursier, Dowisky gagne le
château de Tarkow, qui est celui
où le Myrsas fait sa résidence le
plus communément.

Laissons Oleïd et son épouse
s'enfermer dans leur chaumière,
et se consoler mutuellement de
la perte qu'ils viennent de faire;
laissons aussi Dowisky s'acheminer
vers le palais de Mohaban , son
père , pour nous entretenir du caractère de ce dernier.

Né avec une ame forte et subju-
guée par le torrent rapide des passions humaines , Mohaban sacri-
fiait tout à ses moindres caprices.
Ses desirs les plus effrénés , ses volontés les plus atroces devenaient ,
par sa bouche , des ordres sacrés.
Rien ne lui coûtait , lorsqu'il s'a-

gissait d'un plaisir de plus , eût-il
été cimenté du sang de ses sujets;
les biens , les femmes de ces derniers , tout semblait lui appartenir
de droit. Ce souverain , ou plutôt
ce despote féroce ne pouvait trop
s'engraisser du sang des peuples, et
accumuler assez de trésors pour
acheter l'impunité. Epoux de huit
femmes différentes, et qui s'étaient
succédées avec rapidité, Mohaban ,
par un goût bizarre , avait conservé
le plus long-tems celle qui régnait
impérieusement sur lui, et qui se
disait l'arbitre de ses actions. Sidone enfin , la mère de Dowisky.

avait voulu dompter Mohaban, et était parvenue à le voir ramper à ses pieds. Le bandeau que l'artificieuse Sidone avait tenu sur les yeux du Myrsas est tombé, du moment que celui-ci vit Palma pour la première fois. Depuis cet instant, Sidone n'a éprouvé que froideurs et dédains ; et chaque jour son caractère altier lui a été reproché avec dureté par son époux : elle a cherché à découvrir sa rivale, et n'est parvenue à cette découverte, qu'au moment où Mohaban l'a conduite au château.

La sensibilité et la douceur qui

caractérisaient l'ame du plus géné-
reux des mortels, de Dowisky enfin, formaient un contraste terrible
avec les défauts que renfermaient
celles de Mohaban et de Sidone.
Cependant il était chéri de tous les
deux ; et Mohaban conservait pour
son fils une amitié qu'il n'accordait
à personne. Il n'était point instruit
de ses sentimens pour Palma ; et
peut-être, s'il l'eût appris, se se-
rait-il montré plus courageux que
Dowisky ; mais hélas ! que ce dernier etait loin de soupçonner ce retour de son père !

Arrivé au château , Dowisky
vola

vola auprès du Myrsas. Celui-ci lui
apprit, ou, pour mieux dire, lui
laissa assez comprendre que Palma
allait succéder à Sidone, et rendre
complet le deshonneur de cette
dernière. Dowisky parut soumis
aux desirs de son père, et se con·
former à ses ordres. Ainsi qu'il l'a-
vait prédit, le lendemain Mohaban
voulut mander les parens de Palma
auprès de lui; il envoya à cet effet
deux de ses gens vers eux pour les
chercher; mais Oleïd lui répondit
qu'ils désiraient rester dans leur
chaumière, et qu'ils priaient le
Myrsas de vouloir bien les excuser.

G

On lui apporta cette réponse. Celui-
ci ne s'en contenta pas ; il persis-
tait qu'ils vinssent habiter le château de Tarkow ; et ce ne fut qu'à
la prière de Dowisky d'accorder
à Oleïd sa demande, que Mohaban
y consentit , et qu'il leur envoya
une grosse somme d'or , afin de les
dédommager de la perte de leur
fille.

La fête de l'installation de la
nouvelle souveraine devait être
célébrée huit jours après l'enle-
vement. Pendant tout ce tems,
Palma , soigneusement renfermée
dans un appartement , n'avait vu

personne que son ravisseur. Dowiski était au désespoir de ne pouvoir saisir un moment pour rassurer sa maîtresse ; il tremblait que ,
livrée aux horreurs de la séduction ,
elle n'y succombât , ou qu'elle n'at-
tentât à sa vie. Les deux extrêmes
se touchaient dans l'esprit égaré
du jeune prince. Sidone , supposant
dans les autres les principes dont
elle était imbue , s'imaginait de
son côté que Palma devait se trouver flattée de l'emporter sur elle ;
et que bientôt, rendue aux vœux de
son volage époux , elle le paierait
de retour.

C 2

Avant d'employer à son ressentiment tous ceux qui lui étaient attachés dans le Palais, afin de se
venger de son odieuse rivale, elle
se rendit un matin chez Mohaban,
pour tâcher de le ramener par de
fausses caresses. Ne pouvant dissi-
muler sa colère, elle commença à
s'exhaler en reproches amers : ce
n'était point disposer le cœur de
Mohaban en sa faveur ; aussi elle
n'y parvint point ; et celui-ci-
même, après lui avoir fait ample-
ment l'éloge de son nouvel amour,
et voyant la rage qui éclatait dans
ses yeux, lui adressa un discours

par lequel il lui laissait assez comprendre , que tout retour sur son
cœur lui devenait impossible : et
lorsqu'il eut assez fait l'éloge de
son amour, aux dépens de l'orgueil
de Sidone , il la laissa , en lui disant : qu'elle était libre de rester
auprès de lui , en respectant Palma , ou d'aller la maudire parmi
ces créatures dont il sut la distin-
guer autrefois si injustement.

Sidone , se voyant ainsi avilie ,
loin d'opposer la soumission à cet
ordre irrévocable , déploya au contraire toute la fureur et toute la rage
d'une femme outragée. Le déses-

poir s'était emparé d'elle ; et , en quittant Mohaban , elle lui lança un regard farouche qui ne fit que l'irriter encore davantage ; ensuite elle dirigea ses pas vers le jardin. Il y avait déjà un long espace de tems qu'elle s'y promenait dans une des allées les plus solitaires , afin de rêver aux moyens de se venger de son perfide époux , lorsqu'elle apperçut passer son fils. Elle l'appela ; et Dowisky vint aussitôt au-devant de sa mère : la privation de voir Palma , et l'incertitude de son sort rendaient ce dernier triste et abattu. Sidone s'en

appercut , et lui demanda d'où
provenait sa tristesse. Dowiski ,
tout en déguisant ses vrais maux ,
lui répondit , que la disgrace et
les souffrances de sa mère étaient
des motifs assez puissants pour ex-
citer son chagrin.

Sidone , charmée de voir que
son sort intéressait son fils , lui
fit le détail de ce qui venait de
se passer entr'elle et le Myrsas.

» Votre père , lui dit-elle , mé-
» connoissant tout sentiment hu-
» main , violant les nœuds qui m'at-
» tachent à lui , vient de me rejet-
» ter loin de son sein. Voilà donc

» la récompense de mon amour
» pour Mohaban ; j'ai tout employé
» pour lui plaire ; j'ai prévenu ses
» moindres desirs ; j'ai mis mon
» bonheur à faire le sien ; et, après
» tant de sacrifices , il m'aban-
» donne, il me chasse ignominieu-
» sement. Sidone , l'épouse d'un
» Myrsas , la mère de Dowisky
» va être condamnée à traîner dans
» l'obscurité et la bassesse une
« vie deshonorée ! Mon répudia-
» teur trouve - t - il donc quelque
» crime à reprocher à ma cons-
» tance ? O mon fils ! après une si
» longue union , me serai-je atten-

» due à me voir répudier sans pitié?

» Je vous l'avoue, Dowisky,

» ma tendresse pour vous me rend

» cette idée affreuse; et j'ai de la

» peine à supporter ce revers de

» fortune, que vous partageriez

» dans un autre moment. «

» Comment, madame, répon-

» dit vivement Dowisky, pouvez-

» vous penser que Mohaban . . . «

Sidone, voulant encore plus s'at-

tacher son fils pour l'amener à son

but, lui dit: » que sans les gé-

» néreux services qu'en diverses

» occasions il avait rendus à son

» père; que sans la gloire dont il

» venait de se couvrir à la dernière
» bataille , elle seule n'eût point
» éprouvé les funestes effets de sa
» nouvelle flamme. Non , non , lui
» disait-elle , vous ne devez cette
» exemption qu'à votre vaillance ,
» et la tendresse de votre père n'y
» est pour rien. En me rejettant
» loin de lui , aurait-il pu conser-
» ver un objet qui y retracerait
» sans cesse tous mes traits ? Je
» vous le répéte, Dowisky ; tous
» deux également répudiés , ban-
» nis , nous n'aurions eu pour sou-
» tien que notre seule vertu et
» les consolations que nos épan-

» chemens mutuels nous auraient
» apportées. «

Nullement prémuni contre les discours insidieux de Sidone, et ne se doutant pas même de son espoir odieux, Dowisky oublia pour un instant les maux que son père lui faisait présager, pour ne s'occuper que de ceux qu'il faisait essuyer à Sidone ; transporté par un zèle réel , il jura à cette dernière de se joindre à elle pour lui rendre le bonheur , à quelque prix que ce fût.

Lorsque Sidone se crut persuadée qu'aucun obstacle n'arrêterait son fils ; que son dévouement pour elle pouvait être mis à toute épreuve , une terreur concentrée s'empara de tous ses sens : le calme secret que le crime éprouve dans un moment de résolution se fit appercevoir sur sa figure : sans donner le tems à Dowisky de démêler ce prompt changement , elle lui prit la main , qu'elle serra fortement.

» Dowisky , lui dit-elle , dans » d'autres circonstances , je n'ai « eu qu'à me louer de votre empressement à m'obéir ; votre zèle, » je l'espère, ne se rallentira point dans

» dans celle ci ; répondez , puis-je
« compter sur vous ? «

» Ah ! madame , lui répondit
« Dowiski , sans pénétrer au juste
» vos intentions , je me soumets
» à tout. «

— » J'exige de vous un signalé
» service. «

— » Si je puis vous le rendre ,
» je croirai récompenser votre
» confiance ; parlez : que faut-il
» faire ? «

Sidone hésita un moment à parler ; mais croyant lire dans les yeux
de son fils un vif desir de la servir ,
elle se dévoila sans ménagement ;

D

et après avoir regardé mystérieu-
sement si personne ne les écoutait,
» vous me demandez ce qu'il faut
» faire, continua-t-elle, d'un ton
» de voix sombre, il faut m'aider
» à perdre Palma. «

» Hâter son trépas ! ô ciel ! ! !
» s'écria Dowisky, en pensant se
» trahir «

» Que ce soir, au coucher du
» soleil, elle n'existe plus. «

» Mais pensez-vous, madame,
» aux risques qu'auraient à courir
» les auteurs de cet attentat ! «

» Je ne pense qu'à me venger,
» ajouta Sidone plongée dans un

» affreux égarement ; l'outrage est
» sanglant ; la réparation doit être
» de même. «

Qu'on se figure l'horreur qu'ins-
pira à Dowisky une pareille confidence. Il eut peine à retenir les
mouvemens qu'elle occasionnait
dans son ame. Celle pour qui il aurait donné sa vie toute entière ;
Palma enfin , de qui il était chéri ,
de sa chère Palma on lui proposait la mort. Ce n'était point assez
ajouter à son infortune de la lui arracher des bras , il fallait encore
qu'il se soumît à conspirer contre
sa vie , et qu'elle fût la victime

d'un crime qu'il aurait voulu prévenir, aux dépens de ses jours.

Sidone s'appercevant, malgré le
trouble où elle était plongée elle-
même, de celui qui s'était emparé
de Dowisky, et ne l'attribuant qu'à
la crainte que pouvaient inspirer
les périls de l'exécution de ses projets, elle s'efforça de décider son
fils en sa faveur. Mais voyant que
toutes ses instances ne faisaient
que glisser sur son cœur, et que
l'indécision n'était point la seule
chose qu'elle avait à combattre
envers Dowisky, elle passa tout-à-
coup de sa fureur à un persifflage,

qui donna le tems à son confident
de s'arrêter sur le moyen de la
mieux tromper.

» Je le vois , mon fils , conti-
» nua Sidone avec ironie , vous ba-
» lancez ; ma proposition vous fait
» horreur ; vous n'avez point de-
» vant les yeux l'avenir terrible
» qui se présente aux miens ; vous
» serez heureux , comblé des dons
» de la fortune ; vous jouirez du
» présent , pendant que votre dé-
» plorable mère subira , dans le
» plus vil esclavage, une mort cer-
» taine. Alors, votre cœur, peu sen-
» sible à la piété filiale , s'applau-

» dira en secret d'avoir resisté à
» mes supplications ; et chaque
» jour vous recueillerez , j'en suis
» sûre , le fruit de cette facile ré-
» sistance. «

Dowisky s'étant décidé à employer la feinte , en cette occasion ,
pour mieux s'attirer , de la part de
Sidone , une entière confiance , il
parut applaudir à sa rage , de peur
qu'elle ne confiât en d'autres mains
le soin de sa vengeance. » Vous
» interprêtez mal mes vues , ma-
« dame , lui dit-il ; je n'ai voulu
» que vous faire entrevoir le danger
» qu'il y aurait que notre ennemie

« » nous entraînât dans sa perte. Et
« » comment , en effet , frapper
« » d'une main sûre , une femme en-
« » tourée de rigides surveillans, qui
« » sans cesse ont les yeux attachés
« » sur elle. Le délai que vous m'a-
« » vez prescrit est trop court, pour
« » écarter loin de nous les périls
» que cette entreprise hazardeuse
» pourrait entraîner.

Ici un sourire terrible vint ef-
fleurer les lèvres de Sidone ; son
air agité et plein de suffisance paraissait renfermer un nouveau
mystère , qu'elle ne tarda pas à
révéler à Dowisky ; » rassurez-

» vous , lui dit-elle , jai tout
» prévu. «

En ce moment , Sidone tira de
son sein un petit flacon qui con-
vainquit Dowisky de ses doutes ,
et qui redoubla ses craintes.

» Ce soir , continua Sidone , le
» Myrsas donne une fête à Palma.
« A la faveur du trouble qu'elle
» occasionnera , vous pourrez
» (étant placé près d'elle à table)
» verser dans sa coupe , sans être
» apperçu , l'élixir que contient ce
» flacon ; c'est un poison assez
» lent pour ôter tout soupçon sur
« vous , et qui n'opérera que

» vingt-quatre heures après qu'il
» aura été pris. Vous voyez , Do-
» wisky, que , sans ensanglanter
» vos mains , vous me délivrerez
» à jamais de celle qui fait ma
» honte et mon deshonneur.

— Quoique ce moyen rigou-
reux , reprit Dowisky , devenu
indispensable pour vous , répugne
à mon cœur , je l'accepte , puisqu'il remplit votre attente.

— Ainsi donc , poursuivit Sidone , vous suivrez ponctuelle-
ment la marche que je viens de
vous tracer.

— Reposez-vous sur mon activité.

— Dowisky , j'y compte : son-
gez que la mort de Palma différée
hâterait la mienne..

A ces mots, Sidone allait quitter son fils, en manifestant sa joie ;
celui-ci la salua et allait aussi s'é-
loigner d'elle : mais comme le trouble évident où l'avaient jeté les
derniers mots de leur conversation,
avait occasionné à Dowisky une
pâleur subite , Sidone crut que
c'était l'effet d'une conscience agi-
tée par la perspective d'un crime.
Elle fit paraître sa crainte , et s'a-
vançant vers son fils , elle lui réi-
téra de nouveau ses recommanda-

tions, chercha à le rassurer, et lui
dit encore une fois, de ne point
manquer le coup qu'il devait porter. Lorsqu'elle fut bien assurée
que Dowisky s'était rendu à ses
vœux, elle lui en exprima sa
reconnaissance, et regagna le château.

Etant resté seul en cet endroit,
Dowisky réfléchit sur sa conduite
future. Tout en blâmant cette
femme artificieuse qui cherchait à
immoler une moitié de lui-même,
il admirait son courage, et n'attri-
buait son horrible vengeance qu'à
la fidélité qu'elle gardait à Moha-

ban. Puis tout-à-coup s'imaginant
que l'orgueil seul faisait agir Sidone , et l'objet qu'elle poursui-
vait avec tant d'acharnement , s'of-
frant à son imagination , il la blâmait hautement , et repoussait
jusqu'à la moindre idée qui pouvait la justifier. » Trop long-tems,
» se disait-il , mon père servit de
» jouet à ses caprices ; et pourquoi
» maintenant ne rendrait-il pas
» grace à l'ange tutélaire , qui lui
» a inspiré le desir d'y mettre un
» frein ? C'est donc de cette femme
» si cruelle , si vindicative , que je
» suis né : mais que dis-je ? je
                              m'égare :

» m'égare : est-ce à moi de con-
» damner celle à qui je dois le
» jour? la nature ne me le défend-
» t-elle pas ? oui , je le sens à mon
» ame faible et souffrante, je dois
» m'en interdire le droit. . . . .

Ici, Dowisky fut interrompu par
un leger bruit qu'il entendit auprès
de lui. S'étant tourné subitement,
il apperçut Mohaban et Olmar
son premier eunuque , qui s'avan-
çaient à petit pas vers l'endroit où
il se trouvait ; il voulut aller à leur
rencontre ; mais un signe de son
père qui lui ordonnait d'aller au
château , parce que sa présence y

E

était nécessaire , le fit retourner sur ses pas. Dowisky se retira dans l'espoir de voir Palma ; mais cette journée se passa encore, sans qu'il la vit. Mohaban , étant rentré au château , ordonna que la fête qui devait être célébrée le jour même, serait remise au lendemain. Dowisky , qui cherchait à entretenir Olmar dont il connaissait la fidélité, afin de lui transmettre l'affreuse confidence de Sidone , ne put y parvenir ; ce dernier ne quittait point le Myrsas d'un seul instant.

Le lendemain matin, Dowisky vit entrer son père et Olmar dans un

pavillon qui se trouvait à une des
extrémités du sérail : étonné de ce
lieu de rendez-vous], et poussé par
le seul desir de connaître ce qu'ils
complottaient ensemble , il s'avança jusques sous une croisée ouverte
du pavillon , d'où il pouvait entendre leur conversation , sans être
vu. Combien sa surprise fut grande,
en entendant la suivante.

» Ce que tu viens de m'appren-
» dre , disait Mohaban à Olmar ,
» puis-je le croire ? Sidone ! ! ! !
» la perfide ! ! ! !

— Oui , Seigneur , à la faveur
de plusieurs arbres touffus qui me

mettaient à l'abri de leurs regards,
j'ai tout entendu de sa propre
bouche; et votre fils, soumis à ses
ordres , s'est chargé de les exécuter , ce soir même.

— Couple hardi et criminel ,
vous sentirez bientôt le poids de
mon courroux : mais Dowisky ! ! ! !
Dowisky ! toi, l'objet de mes plus
tendres affections ! ingrat , devais-
tu me réserver ce prix ?

— Seigneur, j'ai été , comme
vous , très étonné de cet excès de
perfidie ; et vous devez à l'effet
terrible qu'il a produit sur tous mes
sens , l'aveu que je vous en fais :

je n'ai pu , pour vos intérêts , me laisser désarmer par l'attachement que je porte à votre fils , et vous cacher ainsi la triste vérité.

— Olmar , je te sais gré de ton zèle , et je saurai dans peu le récompenser. Je te défends expressément de donner à Dowisky le moindre soupçon que nous soyons instruits ; je me réserve le plaisir de le confondre , en le prenant sur le fait ; je veux que , chargé de fers , il vienne demander sa grace, aux pieds de Palma : et Sidone , cette femme qui , par un art si dangereux , et que je ne puis conce-

voir moi-même, m'a tenu si long-
tems captif sous ses volontés, je
prononcerai bientôt sur le sort qui
lui est réservé.

— Quoi ! Seigneur, vous atten-
drez le dangereux moment ? ? ? ?

— Je saurai, avec art, le prévenir ; Olmar, tu connais mes
volontés ; c'est t'en dire assez ;
cours au palais ; veille sur Palma ;
je vais me rendre près d'elle ; com-
mande à tous mes gens de se
mettre sous les armes ; je me
repose sur tes soins.

Après que Mohaban eut donné
ces ordres, Olmar sortit du pa-

villon , et courut vers le château.
Dowisky , qui s'était éloigné pour
ôter tout soupçon , fut rencontré
par son père qui , s'étant armé
d'une douceur simulée , l'invita au
repas. Son fils allait le désabuser
et lui tout avouer ; mais plusieurs
gardes , qui vinrent au devant de
Mohaban , l'en empêchèrent.- Il
fallut qu'il se contraignît encore ,
à son grand regret : la joie de
revoir Palma chassa bientôt de son
idée les suites funestes que pouvait
avoir cette entrevue.

Rendu au château avec Mohaban , il entra dans le salon disposé

pour le repas. La suite de la cour
du Myrsas ne partagea point la
table de ce Seigneur. Séparé donc
du restant de la confusion „ Do·
wisky vit Palma ; au milieu de la
tristesse qui décolorait ses traits,
elle lui parut plus belle qu'elle ne
l'avait jamais été.

Les yeux des deux amans se ren-
contrèrent. Palma , frappée d'étonnement , en appercevant Dowisky ,
ne pouvait en croire les siens. Dowisky à la cour de son ravisseur !
Dowisky . . . . le fils de Mohaban !
tout cela lui paraissait un songe.
Mille idées confuses se présen-

tèrent à son esprit agité ; elle ne s'imaginait voir dans son amant qu'un émissaire, un affidé du Myrsas : s'arrêtera-t-elle à ce soupçon injurieux ? les sermens si tendres que Dowisky lui a faits ne le démentent-ils pas ? Non , Palma ne peut penser que l'ami de son cœur soit infidèle ; elle ne le peut croire parjure : bientôt un regard, qu'ils se rendent réciproquement , les venge d'un doute, que les circonstances seules pouvaient excuser. Mais ce n'est pas tout : Dowisky brûle d'instruire Palma , comme il a instruit ses parens ; il languit de

la désabuser sur son compte : que¹
moment pourra-t-il choisir pour
cela ? c'est ce qu'il desire savoir.
Mais, avant de rêver aux moyens
qui peuvent l'amener, il tremble
à l'approche de celui qu'il va passer, d'après le discours qu'il a entendu prononcer à son père.

Après les cérémonies, dès qu'ils
furent placés à table, Mohaban fit
un signe à Olmar. Celui-ci sortit ;
et bientôt il revint, accompagné
de Sidone. Cette dernière étant
entrée, et Mohaban lui ayant dési-
gné une place à côté de Dowisky,
il lui dit :

» J'ai voulu vous voir encore

» une fois, madame, et vous don-

» ner le tems d'apprécier mon

» bonheur. Votre discernement est

» trop juste , pour qu'en faisant

» un rapprochement de vos belles

» qualités avec celles de Palma ,

» vous ne puissiez vous avouer

» son inférieure. «

Ce discours humiliant mortifia l'orgueil de Sidone , et l'empêcha de répondre. La colère, ou plutôt la rage qui la maîtrisait , faisait expirer , sur sa bouche , les paroles qu'elle voulait proférer. Mais , comme ce n'était point le moment

de faire éclater les diverses passions qui l'agitaient, ni de dévoi-
ler ses projets perfides aux yeux
de Mohaban, elle se contraignit
de son mieux, et lui adressant la
parole :

» Seigneur, dit-elle, malgré le
» mépris dont vous couvrez celle
« qui a régné vingt ans sur votre
» cœur, je me soumets et recon-
» nais mes torts : la réparation,
» je l'avoue, est beaucoup au-des-
» sus de mes forces ; mais com-
» ment ne pas s'y conformer, quand
» votre bouche en a dicté l'irrévo-
» cable arrêt. «

Convenez

» Convenez donc , reprit le
» Myrsas , en montrant Palma à
» Sidone, que cette charmante per-
» sonne est digne des honneurs que
» je lui rends , et que quiconque
» voudrait attenter à son repos seu-
» lement , mériterait tout mon
» courroux. «

En disant ces mots , il lança sur
Sidone un regard ironique qui la
fit trembler. Cette dernière déguisa
sa son trouble par un geste de soumission , qu'elle fit en réponse de
l'interpellation précédente. Mohaban voulant éprouver si , dans cette
occasion , son fils qu'il croyait son

F

complice, aurait la même fermeté que sa mère, il lui demanda, s'il blâmait sa conduite, au sujet du nouveau lien qu'il allait former.

» Le respect que je vous dois, » répondit Dowisky, me fait une » défense de la censurer : vous sa- » vez, Seigneur, que, toujours » soumis à vos ordres, j'ai fait » consister mon bonheur dans tout » ce qui pouvait vous être le plus » agréable. «

Cette réponse, prononcée d'un ton de voix sincère, parut faire plaisir à Mohaban ; il commença à douter du rapport qu'Olmar lui avait fait.

Persuadé qu'il devait s'être trompé
dans ses conjectures, le calme vint
pour un moment remplacer l'agita-
tion de son ame ; il regarde tendre-
ment Palma , et son cœur féroce ,
en voyant les larmes de cette dernière taries , attribua ce changement
aux impressions naturelles que son
amour avait fait sur elle. Ah ! s'il
avait été instruit de l'intelligence
de son fils et de Palma , il aurait
pénétré dans leurs tendres regards ,
un langage qui lui était encore in-
connu. Combien alors , apprenant
la véritable cause de ce prompt
changement , il aurait admiré cet

amour pur et cette joie intérieure,
fondés sur la douce espérance d'é-
chapper à un tyran. Mais non ; quelque soit le but des mortels, quelque
soit le sentiment qui les guide , ils
ne reconnaissent que la main qui les
peut conduire au bonheur ; et, sans
s'embarrasser des maux qu'ils cau-
sent, s'ils parviennent à ce bonheur
desiré , il n'est point acheté trop
cher, par la seule raison que les
obstacles sont vaincus sans peine.
Voilà quels étaient les principes de
l'indigne Mohaban. Le jour de son
hymen avec Palma lui semblait for-
tuné , du moment que ceux qui

Avaient droit de le détester, paraissaient applaudir sincèrement aux
transports qu'il occasionnait dans
son ame.

Sidone, impatiente de consom-
mer son crime, voyait venir avec
frayeur, l'instant qui devait termi-
ner le repas. Sa fureur redoublait,
lorsqu'elle voyait boire sa rivale
sans que le fatal poison eût été jeté
dans sa coupe ; par des signes intel-
ligibles, elle cherchait à ranimer le
courage de son fils et lui ordonnait
de s'en servir à l'instant. Dowisky,
entièrement déconcerté par les ges-
tes réitérés de Sidone, et bien éloi-

gné d'obéir à ce qu'ils lui prescri-
vaient, ne savait que résoudre en
cette circonstance : absorbé dans ses
réflexions, il luttait sur les différens
points où il devait s'arrêter , pour
sauver la honte de sa mère et la vie
de sa chère Palma. S'il faisait à son
père la confidence du crime médité ,
c'était perdre celle à qui il devait le
jour ; cette idée répugnait à son ame
délicate ; s'il ne servait point le
ressentiment de Sidone , d'autres
pourraient le servir avec fidélité ; il
fallait donc sacrifier Palma ou Sidone. O nature ! ô amour ! que vos
charmes sont puissants sur un cœur

sensible et vivement épris! combien
il éprouve de plaisir à vous réunir!
combien il souffre de vous séparer!

Ne trouvant qu'un seul moyen
de sauver Palma , sans perdre sa
mère , Dowysky s'y arrêta : il ré-
solut donc de faire éluder à Sidone
les coups qu'elle brûlait de porter ,
jusqu'à ce qu'il eut trouvé l'occasion
favorable de soustraire à ses yeux
sa victime. Il répondit d'un regard
à Sidone , qu'il fallait remettre à
un autre moment l'exécution de ses
projets. Cette dernière , par un regard négatif, parut désaprouver ce
dessein et ne pouvant plus se con-

tenir, elle exprima fortement à Dowisky son mécontentement.

Mohaban, qui suivait tous leurs
mouvemens, interprêta celui de son
fils pour un refus formel, et celui
de Sidone pour le vrai motif qui
l'occasionnait. Alors, voulant de
son côté mettre en exécution l'é-
preuve qu'il avait projetée de faire
sur Dowisky, il fit un signe à Olmar. Celui-ci sortit, et presqu'aussitôt on entendit préluder des instrumens sous les croisées du salon où
se trouvaient les convives. Mohaban parut surpris de les entendre,
et se leva de table avec Palma qu'il

emmena dans le fond. Dowisky et
Sidone restèrent seuls ; et le Myrsas,
témoin de toutes leurs actions, ne
perdit pas un mot de la conversation qu'ils tinrent ensemble, pendant qu'une voix en dehors, chantait les paroles suivantes.

ROMANCE.

Si je redoute ta puissance,
Tendre amour, ô dieu des plaisirs !
C'est que toujours, par la souffrance,
Les mortels payent leurs desirs.

Ah ! trompe ce présage
Qui vient attrister mon cœur,
Et donne, dieu volage,
A deux époux le bonheur.

Sidone, d'une voix étouffée, rappela à son fils ses promesses. Con-
traignez-vous, lui disait ce dernier,
le Myrsas à les yeux sur nos mouvemens.

— Êtes-vous disposé à satisfaire
ma vengeance ?

— Je ne puis m'y résoudre ; donner la mort à cette infortunée !....

— Ame faible, rendez-moi le dé-
pôt que je vous ai confié.

— Qu'allez-vous faire, madame ?

— Mon devoir, rendez-moi, dis-
je, ce flacon.

— Jamais, madame !....

— Jamais ?....

— Non, cruelle, jamais.... Ah! je m'égare ! Sachez, madame....

Pendant que ce refus inattendu jeta Sidone dans un profond désespoir, et qu'elle se couvrait la figure de ses mains, Mohaban tira précipitamment à lui son fils, et lui remettant un flacon conforme à celui de Sidone, » Substituez cet élixir à » l'autre, lui dit-il, et ne craignez » rien, Dowisky. «

Ensuite le Myrsas se retira dans le fond ; et son fils, croyant pénétrer ses projets, se vit forcé de lui obéir.

Sidone, en sortant de sa léthargie,

jeta un regard d'indignation sur ce
dernier ; mais Dowisky ne lui répondit qu'en lui remettant entre les
mains la liqueur que Mohaban venait de lui donner. Quels transports,
quelle joie ce prétendu retour de la
part de Dowisky, occasionna à Sidone ! Elle s'empressa de verser le
poison dans la coupe de Palma, et
se retira avec vîtesse, en félicitant
des yeux son fils sur son prompt
changement, dont elle ne pouvait
se convaincre, et qui lui semblait
une illusion.

Que la vengeance a d'empire sur
les cœurs ulcérés ! Sidone impatiente
de

de la satisfaire, avait remué tous les ressorts de son imagination pour parvenir à ses fins. Son affreuse jalousie, sa haine contre Palma la lui rendaient odieuse, et elle ne trouvait de plaisir que dans la perte de sa rivale. Le moment de se défaire de son ennemie lui semble arrivé ; elle jouit d'avance, en songeant que dans peu elle ne sera plus. Elle compte les momens, et dans sa rage meurtrière, elle accuse les heures d'être trop lentes. C'est donc ainsi que le caractère de la femme outragée, passe tout d'un coup de la douceur, de la sensibilité, aux accès les plus terri-

G

bles de la fureur et du désespoir.

Ainsi, quand la vengeance parvient à l'exécution de ses desseins, cette situation violente et pénible se change en un triomphe intérieur, qui trahit, malgré-elles, les personnes les plus ingénieuses dans l'art de la feinte et de la dissimulation.

Mais ce triomphe n'est pas de longue durée; tôt ou tard le criminel expie avec usure ses abominations et ses forfaits. L'innocence qu'il a voulu perdre échappe à ses poursuites, et se trouve vengée par les remords ou la punition des coupables.

Dowisky pensait que la liqueur qui lui avait été remise par son père, n'avait d'autre vertu que celle qu'on buvait d'ordinaire, et qu'il ne s'en servait que pour être témoin de la sécurité avec laquelle Sidone envisagerait le moment fatal qui la délivrerait de sa rivale ; mais il changea bientôt de pensée, et crut qu'elle était réservée pour une vengeance, dictée par l'humanité et par la compassion.

A peine Sidone eut - elle achevé d'exécuter son dessein, que Moha-ban s'avança vers elle. Il la fixa avec des yeux soupçonneux et pleins

de méfiance. Sidone, qui ne douta
pas qu'elle n'eût été apperçue,
changea de couleur, et parut dé-
concertée ; son époux, qui jouissait
de son trouble, prend d'une main
sûre, la coupe de Palma, et l'of-
frant à Sidone :

« Madame, lui dit-il, si vous
» êtes dévouée à mes volontés,
» vous me le montrerez à l'instant
» même, en m'accordant la der-
» nière grace que je demande de
« vous ; il faut boire ce que contient
» cette coupe, à la santé de la belle
» Palma. «

— O ciel ! s'écria avec effroi Sidone.

Le Myrsas, voyant sa terreur, devint plus pressant. « Hé bien, » madame, continua-t-il, me refu- » serez-vous cette faveur ? »

— Homme féroce ! tu peux exiger. Mohaban lui montrant Palma.

— Vois, monstre, que l'enfer a vomi dans sa rage, lis ta condamnation sur le front de Palma ; parle, qu'allais-tu exiger d'elle ?

Sidone, voyant son abominable complot découvert, et sa perte iné-vitable, s'arma du courage qui seul pouvait effacer son opprobre pour toujours.

— Oui, j'ai voulu perdre ma rivale, dit-elle à Mohaban ; j'ai voulu me venger et répondre aussi à l'outrage que j'ai reçu de toi ; homme cruel, je t'abandonne à tes remords, puisque c'est la seule vengeance qui me reste ; jouis , dans les bras de celle qui m'a ravi ton cœur, du fruit de ton inconstance ; et puisse , après ma mort, mon spectre irrité, s'offrir nuit et jour à tes regards et aux siens ; alors je serai assez payée du sacrifice que je te fais de ma vie.

Elle dit : et arrachant la coupe des mains de Mohaban, elle avale, sans hésiter, le breuvage qu'elle contient. A peine l'a-t-elle pris en entier, qu'elle perd connaissance, et tombe entre les bras d'Olmar qui se trouve derrière elle. Dowisky ne doutant point que la mort ne coule dans les veines de Sidone, tout en respectant les ordres du Myrsas, pleure sur le sort infortuné de sa mère. Palma contemple son amant avec inquiétude ; l'embarras de celui-ci redouble le sien ; ils sont encore dans cette stupéfaction morne que nécessite toujours un événement sinistre, lorsque la voix de Mohaban les tire soudain de leur accablement, pour les faire entrer dans de nouvelles surprises.

Mon fils, dit-il, en s'adressant à Dowisky, votre imprudence irréfléchie devrait, de ma part, vous attirer non - seulement des reproches, mais même tout mon courroux. Rendez grace à mon amitié pour vous, si je me borne aux premiers ; j'attends de vous un service qui puisse réparer la faute terrible que vous avez manqué de commettre ; vous allez, avec le fidèle Olmar, qui m'avait instruit de tout, vous mettre en voyage, et transporter dans l'île de la Montagne Noire, le corps inanimé de Sidone. Vous frémissez, je le vois,

à cette nouvelle. La punition, mon
fils, vous parait au-dessus du crime ,
pour vous qui voyez Palma avec
indifférence ; mais si elle avait été
l'amie de votre cœur, si elle avait
su le captiver, et attirer vos plus
tendres sentimens, dites-moi, Dowisky, de quel œil auriez vous vu
celle qui aurait voulu attenter à sa
vie. N'écoutant que votre fureur ,
vous l'auriez immolée à l'instant.
C'est ainsi que j'ai pensé, et non
comme j'ai agi ; vous saurez bientôt
ce que j'ai décidé ; partez ; je me
confie à vous , afin d'éloigner du sol
que j'habite, les restes d'une femme

qui a fait le tourment de ma vie.

Ces ordres donnés, Olmar s'apprête à les exécuter; Dowisky est obligé de le suivre et d'abandonner Palma encore une fois entre les mains de son ravisseur, sans pouvoir la lui arracher. Ils quittent le palais, et accompagnés d'une escorte de huit Tartares, ils partent pour Tarkow, afin de s'y embarquer pour aborder l'île de la Montagne Noire, lieu de leur destination.

Pendant ce voyage, Dowisky était agité de réflexions diverses. D'un côté, il jettait les yeux sur le sort

de sa mère. Autrefois aimée, chérie, adorée du Myrsas, ses desirs
étaient des ordres, ses moindres
caprices étaient satisfaits,dès qu'elle
parlait. Les grands rampaient à ses
pieds, et venaient chaque jour lui
présenter le tribut de leurs louanges
et de leurs adorations. Elle exer-
çait un empire absolu sur tous les
cœurs et sur toutes les volontés ;
en un mot, elle était l'idole du jour,
la souveraine du maître et des peuples. Maintenant, déchue sans retour de cet état de grandeur, elle
était descendue dans la tombe
pour n'en sortir jamais, et son

nom allait être oublié avec elle.

De là, levant les yeux sur celle qui lui succédait dans les honneurs et la prééminence du rang, il y découvrait la rivale de sa mère, la bien-aimée de son père, et la maîtresse de son cœur. Il l'aimait, il l'adorait, et il était obligé de cacher inviolablement sa flamme, de la consesver scrupuleusement, sans se trahir. Bien plus, la volonté irrévocable d'un père, et d'un père heureux dans les bras de l'objet aimé, lui intimait l'ordre exprès de s'éloigner de l'objet de ses chères espérances, de fuir loin de Palma, et de

de la quitter peut-être pour toujours. Chaque pas qu'il faisait aug-
mentait l'intervalle qui le séparait
d'elle, et agrandissait la chaîne de
ses peines et de ses chagrins.

Arrivés enfin en cette ville,
qui n'était qu'à deux lieues du château du Myrsas, Dowisky avisa au
parti qui lui restait à prendre. Aban-
donnera-t-il Olmar et sa suite, pour
se rendre *incognito*, auprès de
Palma ? Mettra-t-il Olmar dans ses
intérêts, afin d'arracher son amante
des bras de son père ? Toutes
sortes d'expédiens se présentaient
en foule à son esprit agité, sans

qu'il sut pour cela lequel adopter.
Il n'eut pas le tems de réfléchir
d'avantage, qu'ils étaient en pleine
mer. Une nuit qu'il n'avait point
fermé la paupière, tant son affreuse
position le tourmentait, et qu'il re-
posait dans sa chambre sur une
couchette près de laquelle était posé
le corps de sa mère, il entendit res-
pirer autour de lui par intervalle ;
ne pouvant soupçonner d'où provenait ce bruit, qui annonçait une
personne endormie, il allait partager les craintes puériles de ces êtres,
qui prétendent que l'âme d'une personne expirée revient de l'autre

gerai à tout, et je te ferai accorder
ta grace.

— Quand je serai étranglé, peut-
être bien ?

— Calme tes craintes, cela n'ira
pas jusques-là.

— Par Mahomet, je le desire.

Enfin Dowisky, après plusieurs
raisonnemens, fit tant qu'il parvint à gagner Olmar, et à le décider à faire ce qu'il avait résolu.
Ils en étaient là, lorsqu'un des soldats qui les avaient accompagnés,
et qui faisait sentinelle à la porte de
la caverne, vint les avertir qu'il
entendait des chants dans le loin-

tain, et qu'il appercevait même s'avancer, à travers les arbres de la forêt, une troupe d'hommes bien armés. Dowisky, sans plus tarder, ordonna à ses gens de se tenir sur leurs gardes, et il fut de suite se convaincre, de ce qu'on venait de lui apprendre. S'étant porté à l'extrêmité de l'ouverture de la grotte, il écouta, sans pouvoir être vu, les paroles suivantes, chantées par une troupe d'Arabes qui s'avancèrent jusqu'au lieu où il était.

CHANSON

C H A N S O N.

L E C H E F.

Braves soldats, à toute outrance,

Il faut combattre chaque jour,

Ceux qui, par leur toute-puissance,

Pourraient nous vaincre sans retour ;

Par un charmant refrain,

Chantons, mes amis, la victoire

Qui, d'hier et du lendemain,

A fait, pour nous, deux jours de gloire.

L E C H E F.

Si nous abandonnons cette île

En ce moment, sans réfléchir ;

C'est qu'en nos mains, le fer qui brille,

Nouveaux lauriers veut acquérir.

S O L D A T S.

Par un charmant refrain, etc.

I

LE CHEF.

A l'amour cédons un instant,
Lui seul a causé nos alarmes;
A lui seul faisons le serment
A jamais de rendre les armes.

SOLDATS.

Par un charmant refrain, etc.

LE CHEF.

En Europe, l'on nous a dit,
Que pour se mettre en renommée,
Plus d'un guerrier, quoiqu'en crédit,
Valût bien Mars à la volée.

SOLDATS.

Par un charmant refrain, etc.

LE CHEF.

Amis, comme eux toujours soyons
En union, d'intelligence;

Et , comme eux aussi , nous pouvons

De Mars affermir la puissance.

S O L D A T S.

Par un charmant refrain , etc.

L E C H E F.

Si l'on me voit le desservant

Du charmant Dieu de la fortune ;

C'est que de Mercure souvent

Le guerrier suit la loi commune.

S O L D A T S.

Par un charmant refrain , etc.

Qu'on juge de la surprise et de l'effroi de Dowisky, lorsqu'il fut entièrement convaincu que ces hommes qu'on lui avait annoncés, n'étaient rien moins qu'une troupe de brigands Arabes, dévastateurs de la

I 2

Circassie et du Daghestan. Sa terreur redoubla encore, lorsque le capitaine eut dit à deux de ses soldats
de pénétrer dans la caverne, afin
de s'emparer du restant du butin
qu'ils y avaient laissé la veille.
Dowisky s'arma de courage , et
s'étant caché avec Olmar , ils sai-
sirent par le collet les deux Arabes;
mais malheureusement les cris per-
çans qu'ils jetèrent, attirèrent la
troupe qui fondit sur Dowisky et
sur ses gens. Un combat terrible
s'engagea, dans lequel ce dernier,
bientôt désarmé , succomba au
nombre, et tomba au pouvoir des

brigands, ainsi qu'Olmar et les huit Tartares.

Pendant l'action, Sidone était sortie de son sommeil léthargique, et parcourait à grands pas le lieu où elle se trouvait. Korasky, le chef des Arabes, appercevant une femme parmi les étrangers, la tira par le bras vers lui; et étant tous sortis de la caverne, il s'empressa de questionner les prisonniers qu'il venait de faire.

— Qui êtes-vous? leur dit-il, et quel événement vous conduit en ces lieux!

— Si je parlais, repliqua Dowis-

ky, en s'adressant au chef des Arabes, tu tremblerais d'attirer sur ta
tête une prompte vengeance de la
manière que tu t'empares de ma personne ; mais si le sort me met en
ta puissance , ne crois pas avoir le
droit de me questionner. Je te pro-
mets de ne rompre le silence, que
lorsqu'un intérêt , plus fort que celui de me conserver la vie, m'en
fera une loi.

— Jeune audacieux, lui dit Korasky , dans peu j'espère te voir
changer de ton, et tu connaîtras
bientôt par quel art je sais me faire
obéir. Soldats , qu'on enchaîne

à cet étranger dont la hardiesse met

le comble à ma fureur.

Il ordonna ensuite qu'on conduisit Dowisky dans la caverne qui leur servait de demeure un moment auparavant.

— Pour celui-ci, dit-il, en montrant Olmar, qu'on l'entraîne dans notre habitation ordinaire, et laissez-moi seul avec cette belle affligée ; je suis curieux seulement de savoir si elle se montrera aussi rebelle à mes volontés que ses compagnons de voyage.

Laissons pour un instant Dowisky et Olmar de leur côté, accablés

de douleur de voir la situation où
ils se trouvent, s'exhaler en reproches contre leur mauvaise destinée,
pour écouter l'entretien que Sidone
eut avec le capitaine.

Dès que ce dernier se vit seul
avec elle :

— Et vous, madame, lui dit-il,
puis-je me flatter que, vous trouvant plus docile à mes demandes,
vous y répondrez sans répugnance?
Qui êtes-vous? et d'où venez-
vous?

— Aucune raison ne m'oblige à
taire la vérité, lui dit Sidone, en
interrompant le silence, je vous

satisferai autant qu'il me sera pos-
sible; mais apprenez-moi vous-
même auparavant en quel lieu je
me trouve?

— La question est plaisante, repliqua le capitaine en riant, n'y
êtes vous pas venus à dessein! Je
doute très-fort qu'un naufrage vous
ait jetés dans cette île, à moins
que vous n'y soyez depuis environ
un mois.

— J'ignore encore, poursuivit
Sidone, s'il y a long-tems que je
l'ai abordée, et comment.

Korasky, étonné de ses réponses

évasives, demanda à Sidone, si elle était en démence.

— Vous cesserez d'accuser ma raison de cette ignorance, continua-t-elle, lorsque vous apprendrez ce qui la cause.

— Expliquez - vous donc, madame?

— Vous saurez que je m'appelle Sidone, et que Mohaban.....

Ici Korasky, surpris de cette rencontre, l'interrompit vivement.

— Sidone, lui dit-il, la femme du Myrsas de Tarkow?.....

Cette dernière, pour intéresser le capitaine en sa faveur, et pour déguiser les vrais motifs de son exil , lui tint le faux discours suivant.

— Elle même , lui répondit-elle avec fierté. Mon époux . aveuglé par une criminelle passion , vient de m'y sacrifier de la plus indigne manière ; la veille du jour qui devait être témoin de son union avec celle qui me remplaçait auprès de lui , Mohaban donna une fête, qui fut suivie d'un repas ; j'y fus invitée. Ah ! Seigneur , le croiriez-vous ? le motif de cette invitation n'était que pour mieux assurer ma rivale de son triomphe : je frémis

encore , lorsque je me rappelle ce
moment fatal , où. . . . A peine
allions-nous sortir de table , que le
Myrsas s'empare d'une coupe , et la
mettant dans ma main , en présence de tous les assistans , il m'or-
donne , d'une voix terrible , de
boire ce qu'elle contient : indécise
si j'obéirai , j'allais répliquer à
mon bourreau ; mais le perfide ,
tirant un poignard de sa ceinture ,
le pose sur mon sein , et me donne
à choisir entre ces deux morts. Sans
balancer , j'accepte celle qui pouvait me faire le moins d'horreur.
J'avale le breuvage présenté que je
crois

crois être un poison certain , et
bientôt je tombe dans une profonde
léthargie Voilà ce que mes idées
confuses me retracent péniblement ;
le reste , je l'ignore , et sur-tout par
quel hazard je suis dans cette île ,
avec mon fils et un serviteur de
mon époux.

— Le jeune homme, que j'ai in-
terrogé , est votre fils , madame ?

— Oui , Seigneur ; et connais-
sant son attachement pour moi ,
je présume que ce doit être lui qui
m'a conduite ici , pour me soustraire à la fureur de son père.

— Vos malheurs sont grands ,

poursuivit le capitaine ; et le ciel, madame, semble vous avoir adressée à nous, pour vous les faire oublier. Vous saurez que l'île de la Montagne Noire est celle où vous êtes maintenant ; elle est très-peu éloignée de Tarkow ; et vous allez demeurer avec nous , jusqu'à ce qu'un destin plus favorable vous rende une partie des biens qui vous etaient destinés. Je n'ai point besoin, madame, de vous détailler le métier que nous faisons ; il est assez commun dans le climat que nous habitons, pour que vous ne vous en soyez pas apperçue au

premier coup d'œil. Le saint pro-
phête semble guider nos pas et bé-
nir nos armes ; chaque jour , nos
richesses augmentent ; et c'est ,
comme vous le pensez fort bien ,
en diminuant celles des autres. Enfin , puisqu'un sort propice vous
réunit à nous , daignez partager ,
madame, ces richesses avec moi; re-
cevez à la fois et ma main et ma fortune ; et j'ose vous faire espérer que ,
tout en vous vengeant d'un époux
injuste , vous serez encore payée de
retour , en acceptant mon cœur, en
réparation de la perte du sien.

— Mon ambition , répliqua Si-

donc, pourrait être satisfaite, Seigneur, mais non ma vengeance ;
j'ai, avant d'accepter vos dons,
une grace à vous demander, à laquelle tiennent mon bonheur et
ma destinée..... Avant tout, je
veux interroger moi-même Olmar.

— Olmar ! répondit avec surprise Korasky.

— Oui, continua Sidone, le serviteur de Mohaban, que vous avez
en votre pouvoir ; lui seul pourra
me donner des renseignemens exacts
sur ce que je veux apprendre.

Korasky, empressé de plaire à
Sidone, ne voulut lui rien refuser ;

et celle d'un simple particulier.

Cette remarque fit sourire les Arabes, sans qu'ils demandassent à cet interlocuteur le mot de cette différence, qu'ils devinaient aisément. Des ordres nouveaux du capitaine vinrent les interrompre dans leurs dissertations : il suspendait, pour quelque tems, l'expédition projetée qui les faisait quitter l'île, lorsqu'ils découvrirent les étrangers. Les uns se retirèrent dans leurs postes désignés, et les autres rejoignirent leur habitation.

Cette nuit se passa sans aucun événement nouveau. Dowisky dé—

plorait, dans sa captivité, son triste sort. Il pensait à celui actuel de Palma ; et ces idées affreuses ajoutaient encore à l'horreur de sa situation ; il voyait devant ses yeux la mort inévitable qui allait le frapper ; il se trouvait dans les mains de brigands , avides de sang et de carnage, accoûtumés à dépouiller le voyageur , insensibles aux larmes du malheureux , hommes qui comptent pour rien la vie de leurs semblables , quand il s'agit de leur propre interêt , journellement occupés à l'infâme métier de voleurs et d'assassins.

il la conduisit donc auprés d'Olmar.
Lorsque ce dernier l'eût instruite
de tout ce qui s'était passé après
qu'elle eut perdu connaissance , sa
fureur et sa rage redoublèrent. Elle
tourna les yeux vers le chef des
Arabes , et lui prenant la main ,
elle sembla , en lui souriant , se
reposer sur lui du soin de sa vengeance. Korasky , l'ayant tirée
en particulier , lui rappela sa demande précédente ; et ils chucho-
tèrent ensemble pendant long-tems
sans que personne pût les entendre.
Les Arabes et sur-tout Morabdin ,
leur lieutenant, ne pouvaient con-

K 3

cevoir quelles étaient les intentions
de Korasky , en s'emparant de
suite de la sultane jadis favorite du
Myrsas. Ils trouvaient beaucoup à
redire sur la conduite du capitaine.
» S'amouracher ainsi , disaient-ils ,
» à la première vue , d'une femme ,
» qui , quoiqu'elle ne manque pas
» d'attraits , assurément ne possède
» pas , à beaucoup près , ceux qui
» embellissent ces jolies voyageuses
» que nous avons capturées hier.

— J'en conviens avec vous , répondit un autre ; mais vous ne savez pas sans doute la différence qu'il
y a entre la femme d'un Myrsas

Cette terre lui paraissait devoir être son tombeau. C'était sur ce rivage aride, sur ce rocher sauvage, qu'il rendrait le dernier soupir ; il n'aurait personne pour le consoler ; une main bienfaisante, une main chérie ne lui fermerait pas les yeux, avant de descendre dans la tombe ; il n'aurait pas un baiser, un regard de Palma, pour l'encourager à ce long voyage. Encore. si elle savait la situation cruelle où il se trouve ; s'il était sûr qu'elle songeât à lui, qu'elle le plaignît, qu'elle conservât éternellement le souvenir de sa mémoire ; au moins,

il mourrait content, et emporterait
dans le néant quelque espéce de
consolation et de plaisir. D'un autre
côté , lorsqu'il songeait aux an-
goisses qu'éprouverait Palma , en
apprenant sa mort , il tombait dans
un abbattement terrible.

On avait commis à sa garde
quatre Arabes , parmi lesquels se
trouvait le lieutenant Morabdin.
Ce dernier , scélérat avéré , lui
faisait souffrir les insultes les plus
grandes. Dowisky , fatigué des
outrages qu'il recevait , n'aurait
pas balancé d'y mettre un terme,
si quelque arme fatale se fût pré-

sentée à lui. Mais se résignant encore , dans l'espoir que quelque
circonstance heureuse viendrait
l'arracher à ses ennemis , il prit la
résolution de feindre avec eux , et
de se soumettre à tout ce qu'ils exi-
geraient de sa personne.

Le lendemain au soir , Olmar
qui, de même que son maître , était
retenu captif , intercéda auprès de
Sidone qu'il voyait dans les bonnes
graces du capitaine , afin qu'elle fît
briser les chaines qui le retenaient
contre un mur de l'habitation.
Sidone , vaincue par les pleurs et
les prières d'Olmar , ne tarda point

à obtenir sa liberté de Korasky.
A l'entrée de la nuit, Olmar voulut aller voir Dowisky; cela lui
fut encore accordé. La caverne qui
renfermait ce dernier était peu dis-
tante de la demeure des Arabes ;
Olmar partit sans guide pour voler
vers son maître. Le capitaine, pensant que Morabdin le gardait ,
était sans inquiétude sur cette entrevue.

La nuit étant fort noire, Olmar
eut beaucoup de peine à déterrer
la maudite caverne. Enfin, y étant
parvenu , il apperçut tout près
d'elle , à l'embouchure du golfe

par

par où ils avaient abordé l'île,
la barque qui les y avait conduits.
Cette découverte lui causa une
joie extrême. Il avait entre les
mains le véritable moyen de sortir
d'esclavage ; il entrevoyait le chemin qui pouvait le rendre au bonheur. Il allait en profiter : mais
l'idée d'abandonner Dowisky dans
les fers des Arabes, les reproches
qu'il pouvait s'attirer de la part de
Mohaban, le desir de voir son
maître avant de partir; tout, en un
mot, lui fit suspendre son dessein.
Il entra auparavant dans la caverne. Dieu ! quelle fut sa sur-

L

prise, en y voyant Dowisky toujours attaché! Mais seul, celui-ci
lui apprit que ses gardiens venaient de le quitter, pour aller
visiter des filets qn'ils avaient ten-
dus la veille, et que sans doute ils
ne tarderaient pas à rentrer.

Avant que Dowisky eût achevé
de parler, il se trouva entièrement dégagé de ses liens ; ils
furent rompus par les soins mul-
tipliés d'Olmar. Ce dernier entraî-
na aussitôt son maître vers la
barque ; mais, ô contre-tems fa-
cheux ! ils allaient être hors de la
caverne , lorsqu'ils apperçurent

Morabdin qui venait vers eux.
Olmar et Dowisky se décidèrent
à tout entreprendre pour se sauver ; ils avaient pris des armes , et
après avoir fondu sur Morabdin ,
ils le terrassèrent. » Ah ! traître
» de voleur , dit Olmar, c'est toi !
» tu es mort , s'il t'échappe une
» parole. «

Morabdin voulut crier ; mais Olmar , le menaçant , l'empêcha de
poursuivre ; il fit signe à son maître
d'aller chercher , dans la caverne ,
les chaînes dont il venait de le dé-
gager. Après que Dowisky les eût
apportées , ils en chargèrent Mo-

rabdin , et l'attachèrent à la même
place qu'il avait mis son prison-
nier. Ensuite , Olmar dit à Dowisky , qu'il ne leur restait plus qu'à
fuir ces lieux avec promptitude.

— Et Sidone , lui répondit Dowisky , qu'est-elle devenue ?

— Ah ! Seigneur , ajouta Olmar , elle est d'accord avec nos
ravisseurs ; c'est à elle que je dois
le bonheur de vous délivrer.

— Comment cela ?

— Oui, le capitaine , rendu à sa
prière , m'a fait mettre en liberté.
Cette barque..... enfin , aidé par
un hasard favorable , j'ai profité de

cette heureuse faveur pour vous chercher, et vous sauver; mais partons, Seigneur, partons; le tems presse; les camarades de Morabdin pourraient revenir, et tout serait perdu.

Dowisky suivit ce conseil avec transport; ils détachèrent l'esquif, et y étant entrés, ils s'éloignèrent, à force de rames, de cette île fatale, pour toujours. Un tems calme favorisa leur fuite; et le jour naissait à peine, lorsqu'ils arrivèrent à Tarkow. C'est dans cette ville que Dowisky se confia entièrement à Olmar. Après lui avoir fait tout le détail de son amour pour Palma, ce n'est pas tout, lui dit-il, il faut me rendre un service signalé, je l'attends de toi. Palma, ma chère Palma est dans les bras de mon père; il jouit en repos de sa victime, tandis qu'éloigné de l'objet aimé; exilé, pour ainsi dire, dans une terre étrangère, je languis, je soupire; et je laisserais plus longtems Palma dans la possession d'un autre! Je souffrirais qu'un rival!!! Non, Olmar, non. J'arracherai ce trésor à mon père, je lui enleverai ce qui fait ses délices, ses complaisances. Son bonheur m'est odieux. Je l'en priverai ; ses jouissances me sont à charge, je saurai bien les lui ravir. Il faut, Olmar, il faut, à quelque prix que ce soit, arracher, à l'instant même, Palma des bras de mon père. Nous allons nous rendre au château ; je m'emparerai d'une grosse somme d'argent ; et sitôt que Palma sera en notre puissance, nous fuirons ensemble pour nous rendre dans la Géorgie, où nous verrons ce qui nous restera à faire.

Olmar, ranimé par le discours de son maître, et n'étant point fâché de trouver ce repos de l'ame qui le fuyait sans cesse auprès du farouche Mohaban, il lui jura qu'il le servirait aux dépens de ses jours, s'il le fallait. Dowisky, satisfait de son dévouement, se rendit sur-le-champ au château du Myrsas. Leur impatience était si forte, que bravant un orage épouvantable, ils avaient marché toute une nuit pour hâter leur voyage; il était deux heures du matin, lorsqu'à la lueur des éclairs, ils apperçurent les flèches du château. Déjà ils étaient rendus sous ses murs, lorsqu'ils entendirent une voix qui, par ses accens plaintifs, exprimait sa douleur,

et chantait la douce sollicitude
d'une amante. Dowisky s'arrête et
écoute, avec un charme inexpri-
mable, jusqu'au bout, sa chère
Palma, sans avoir le courage de
l'interrompre.

R O M A N C E.

L'écho répond seul à mes accens ;
L'onde fuit, et son murmure
De terreur frappe tous mes sens.
Maux et peine que j'endure,
Fuyez au réveil du jour :
Quand Dowisky, à son amie,
Sera rendu sans retour,
La nature avec l'amour
Feront le charme de ma vie.

Que les nuits filées par la main du plaisir, et que l'on passe dans les bras de ce qu'on aime, sont délicieuses et paraissent courtes ; mais celles qui s'écoulent loin de ce qui vous est cher, sont rigoureuses, et deviennent encore plus pénibles à supporter, lorsque la crainte se joint aux maux de l'absence. Palma comptait les minutes éloignée de son amant, et se créait, dans sa tête, de sinistres chimères, qui rendaient sa situation plus triste et plus déchirante. Combien, dans son malheur, n'avait-elle point chéri l'entrevue où ses regards

avaient rencontré ceux de Dowisky; mais présentement qu'il a reçu
l'ordre de s'éloigner du palais de
son père, Palma avait tout à re-
douter de ce dernier, qui, déjà
étant beaucoup enhardi, et redou-
blant d'audace depuis sa séparation
avec Sidone, s'était porté dans
son appartement, avait tenté de
lui arracher des faveurs qui ne lui
étaient point réservées, et outré de
la résistance qu'il avait éprouvée,
se proposait d'obtenir, par la force,
ce qui avait été refusé à ses prières.
Lorsque Dowisky veillait, comme
un génie protecteur, sur le sort de

Palma, celle-ci était plus calme ,
plus rassurée ; il lui semblait que la
présence seule de son amant aurait
contenu les criminels projets de
son père. Mais, hélas ! qu'elle était
loin de penser ce qui l'occupait en
ce moment, et les dangers qu'il
avait courus ; elle en aurait frémi
sans doute, et son sort eût été plus
affreux encore ; bientôt, en les apprenant, Palma bénira le ciel de les
avoir écartés en entier, de dessus
la tête de celui qu'elle aime.

L'appartement de cette dernière
donnait sur une terrasse qui joi-
gnait la promenade du rempart.
Elle

Elle s'y rendait toutes les nuits depuis l'absence de son amant; elle
avait obtenu, de Mohaban, cette
douce permission, et avait voulu
exiger aussi, de lui, qu'il différât
son hymen avec elle, jusqu'au retour de Dowisky. Le Myrsas ne se
rendit point tout-à-fait à ses vœux;
mais il lui avait accordé un délai
qui expirait ce jour même.

Dowisky se fit reconnaître à
Palma, et il profita de cet heureux
moment pour lui rappeler ses sentimens à son égard; ils avaient
tant de choses à se dire, et leur
position était si gênante, qu'Olmar

M

engagea son maître de rentrer.

— La sentinelle du pont-levis, lui dit-il, peut nous appercevoir ; il faut éviter cet accident ; rentrons, Seigneur.

Palma , voyant que Dowisky s'apprêtait à suivre les avis d'Olmar, le retint par un geste précipité.

— O Dowisky , lui dit-elle , cher Dowisky, avant de rentrer dans ma prison, aidez-moi à en sortir. Le ciel , qui semble vous envoyer à mon secours, vous en prescrit le devoir. Vous saurez que, dans les longueurs des nuits passées loin de

vous, je me suis occupée à faire,
d'un tapis qui ornait mon appartement, une échelle, qui peut me
mettre hors de cette enceinte. La
difficulté n'était que de trouver
quelqu'un assez fort pour la tenir
solidement au-delà du fossé, afin
que je puisse m'y glisser dessus.
Vous et Olmar, pouvez vous ac-
quitter de cet emploi. Dowisky,
si pour moi vous conservez l'attachement que je vous ai toujours
connu, daignez, de grace, accélé-
rer la démarche que je vous pres-
cris ; arrachez-moi à mes ravisseurs; leur joug, m'est insupporta-

ble, leur tendresse odieuse; je ne puis rester plus long-tems en leur possession. J'appelle à grands cris un libérateur qui m'enlève de leurs bras; et le courageux défenseur que j'attends, que je réclame, c'est mon ami; c'est vous, Dowisky; vous écouterez les justes plaintes d'une femme infortunée; vous serez sensible à ses peines; vous sécherez ses larmes; vous sentirez un secret plaisir à l'obliger, à lui être utile; à la gloire d'avoir fait une bonne action, se joindra encore la satisfaction délicieuse d'être digne de la reconnaissance d'un être mal-

heureux, qui vous confie ses chagrins, et vous tend les bras pour le
sauver. Hâtons-nous, la nuit nous
favorise ; et, avant que le jour pa-
raisse, nous serons rendus chez mes
parens, pour fuir, avec eux, ces
climats barbares.

Il ne fallut pas tant de raisons
pour décider Dowisky. Il dit à
Palma de lui envoyer l'échelle qui
était le produit de son industrie, et
pendant qu'Olmar lui faisait entrevoir le danger qu'une conduite
irréfléchie et imprudente pouvait
entraîner, Palma volait dans les
bras de son amant. — Où voulez-

vous aller, Seigneur, lui disait Olmar? quels sont vos ressources pour vous mettre à l'abri du besoin? l'or que vous possédez ne peut vous conduire loin.

Les justes remarques d'Olmar n'étaient regardées par Dowisky, que comme les effets de la crainte. — Suis-nous, lui dit-il, je te réponds de tout; rien ne nous manquera.

Olmar qui n'avait à choisir, en ce moment, que de perdre son maître en l'abandonnant, ou de risquer, ainsi que lui, l'aventure, se décida à ce dernier parti.

La nuit ne favorisait point leur
fuite ; l'obscurité était si profonde,
qu'ils avaient bien de la peine à se
conduire. Olmar était saisi de
frayeur ; et comme son imagination était déjà frappée de sa première fuite de chez les brigands ,
tous les objets qui se présentaient
à lui, dans l'ombre, lui paraissaient
des embûches dressées pour les
prendre : les arbres, la pointe des
rochers lui semblaient être des
hommes postés exprès pour les saisir au passage ; sa terreur était si
forte, qu'il n'osait tourner la tête
de peur de s'assurer de ce qu'il re-

doutait le plus. Ah ! Seigneur, disait-il à Dowisky, voilà où me
conduit toujours votre conduite
irréfléchie ; en croyant assurer votre bonheur, vous ne faites que
détruire le mien. Hélas ! pauvre
hère, je vous suis aveuglément sur
le bord du précipice qui va nous
engloutir. Croyez-vous que votre
chère Palma, étant surveillée de
fort près, les femmes commises à
sa garde, ne vont point s'appercevoir qu'elle manque au château ;
vîte on met des gens sur nos trous-
ses, et nous sommes pris ; ô sort
fatal ! . . . .

Dowisky avait beau vouloir rassurer Olmar, celui-ci toujours agité
par ses tristes appréhensions, n'é-
coutait rien, et était sourd à toutes
ses remontrances. Enfin, déjà accablés de lassitude, les pieds de la
belle Palma déchirés par les cail-
loux, lui causaient de vives dou-
leurs; elle se soutenait avec peine,
et chancelait. L'objet de son amour
la voyant dans ce pénible état,
voulut lui épargner de nouvelles
fatigues; à l'aide de plusieurs
branches d'arbres qu'Olmar pré-
pare et lie ensemble, ils évitèrent
à Palma une marche dangereuse.

Chargés de ce précieux fardeau,
ils arrivèrent jusqu'au pied d'une
montagne, qu'ils devaient franchir
pour arriver à la chaumière d'Oléïd.
Là, ils continuèrent leur route en
adoptant une autre manière de
transporter Palma. Redoutant une
chûte dangereuse, Dowisky ne
voulut se reposer que sur lui, de la
sûreté de son amante; il la mit
sur ses épaules, et parvint ainsi
jusqu'au sommet de la montagne.
Ils en descendirent avec beaucoup
plus de facilité, parce que du côté
opposé la pente en était plus douce
et moins raboteuse. Lorsqu'ils fu-

rent dans la plaine , un bruit se fit entendre derrière eux; Dowisky l'attribua à celui que peuvent faire des chasseurs, poursuivant un animal féroce , assez commun dans ces climats. Olmar ne pensant pas de même , croyait voir bientôt fondre sur eux les soldats de Mohaban qui étaient à leur poursuite. Palma partageait l'opinion de ce dernier; ils furent rassurés tous les trois en voyant se confirmer une partie de la première pensée qui était venue à Dowisky. Des paysans effrayés, se précipitèrent dans une vieille masure qui s'offrait à eux , et qui

semblait être leur demeure ordinaire. Nos fugitifs tournèrent la
tête vers l'endroit du bois d'où sortaient les paysans alarmés; qu'on
juge de leur effroi en voyant accourir, vers eux, un ours marin,
au moment où ils cherchaient à se
mettre à l'abri de sa vue. L'animal
féroce les apperçut, et vint à leur
rencontre. Dowisky, exercé à combattre ces sortes d'animaux , et
profitant un peu de la faiblesse de
celui-ci, parce qu'il était fort jeune,
s'avança sur lui avec rapidité ,
et saisissant un morceau de bâton
épineux, le lui enfonça dans la
mâchoire

mâchoire, et le tint ainsi étendu à ses pieds. Les paysans qui, d'une des fenêtres de l'habitation, avaient apperçu l'action courageuse de l'étranger, descendirent aussitôt, et ayant assailli l'ours de tous les côtés, l'assommèrent sans difficulté ; ensuite ils exprimèrent à Dowisky, leur contentement, et le félicitèrent de son nouvel exploit. Celui-ci, qui redoutait leur entrevue, chercha à la faire cesser, et voulut s'éloigner ; mais le soin qu'exigeait la situation de Palma, le fit changer de résolution. Accablée d'effroi et de faiblesse, cette dernière était prête de se trouver mal. Dowisky demanda quelques rafraîchissemens pour elle, aux paysans, qui, charmés de lui prouver leur reconnaissance, s'empressèrent tous de lui obéir ; ils le firent entrer dans la maison, et lui accordèrent tous les secours qui dépendaient d'eux. Ce fut là qu'ils apprirent que ces bons paysans étant sortis de grand matin, sans armes, et n'étant que trois, avaient été poursuivis par l'ours; ces derniers étaient honteux de n'avoir osé entreprendre ce qu'un seul avait fait : d'attaquer l'animal

féroce, et de se mettre par-là
hors de danger. Olmar excita son
maître à prendre congé des paysans, par les signes qu'il lui fit, et
que Dowisky comprit. Après beaucoup de peines, il parvint à se débarrasser de ses nouveaux hôtes,
et continua sa route vers la chaumière du bon Oléïd, père de Palma. Comme la nuit les couvrait
encore de ses ombres, ils s'égarè-
rent, et ne retrouvèrent le véritable chemin que lorsqu'il fut grand
jour. Le soleil, sortant du sein des
ondes, dorait déjà la cime des cô-
teaux, lorsqu'ils se trouvèrent en

N 2

face de la chaumière d'Oléïd. Ils frappèrent à la porte ; et dès que Palma, ainsi que Dowisky furent reconnus par les parens de cette dernière, ceux-ci jetèrent des cris de joie en appercevant leur fille, et volèrent dans ses bras.

Amans heureux, c'est vous seuls qui pourriez peindre le doux frémissement du cœur de Dowisky, dans ce délicieux moment. Il n'y a qu'un instant, privé de sa maîtresse, il la voyait, avec le désespoir de l'amour furieux, appartenir à un autre, sans espoir de la posséder ; maintenant elle a quitté

le séjour odieux où ses appas étaient
retenus captifs ; et c'est à son amant
qu'elle doit sa délivrance. Sortie
du palais de son tyran, elle s'est
jetée dans le sein de son bien-aimé ;
il l'a reçue avec transport dans ses
bras ; il a senti palpiter son cœur
contre le sien. Il a pressé amoureu-
sement sa taille fine et légère ; et
encore c'est elle qui s'est donnée
volontairement ; c'est sa voix en-
chanteresse qui l'a appelé à son
secours. Quel instant d'ivresse !
quelle jouissance ! Mais, reprenons.

Après les premiers épanchemens
de tendresse prodigués envers Pal-

ma, Dowisky rappella à Oléïd et à son épouse, qu'il ne fallait point perdre de tems, s'ils voulaient se soustraire aux perquisitions de Mohaban. Ils allaient s'embarquer, pour arriver à la ville de Derbent, en côtoyant la mer, lorsqu'ils entendirent le bruit de plusieurs instrumens. C'était une troupe de villageois, qui venaient vers eux en dansant. L'un d'entr'eux s'adressa à Dowisky, qu'il prenait pour un jeune Seigneur des environs, et non pour le fils du Myrsas.

— Eh bien ! jeunesse, lui dit-il, ne venez-vous pas au château de

Tarkow. Vous devez savoir que la douce liberté d'aller nous y réjouir, nous est accordée aujourd'hui, en l'honneur du mariage de la Sultane Palma avec le Myrsas.

— C'est aujourd'hui qu'il sera célébré ? demanda Dowisky, en déguisant son embarras.

— Oui, répliqua le vieux Sowiska, et avec toute la pompe.... la magnificence...... Ah ! jarni, comme j'allons nous réjouir !

— Vous courez les risques, reprit Dowisky, de n'y point assister, si vous tardez d'avantage à arriver au château.

— Oh ! que si fait, mon bon Seigneur, continua le paysan ; et nous savons fort ben que le château ne sera ouvert aux étrangers, qu'à dix heures sonnées : ainsi, pour ne pas y arriver trop à bonne heure, vous voudrez ben permettre que nous fassions une halte devant cette habitation. Allons, enfans, essayez vos jambes, pour ne pas paraître gauches devant le Myrsas ; père Sowiska va vous chanter une ronde.

Quelle pénible situation pour nos fugitifs ! Comment quitteront-ils ces paysans ! s'ils s'embarquent devant eux, leur bagage fera naître

des soupçons ; et c'est autant de
témoins qui peuvent donner des
renseignemens sur le côté où ils
auront dirigé leurs pas. Atten-
dront-ils qu'ils se retirent ! Pendant ce tems, on découvrira que
Palma manque ; et le Myrsas en-
verra ses gens pour les arrêter.
Le sort barbare les poursuivra donc
toujours ! sont-ils destinés à être
le jouet perpétuel des événémens !
des momens plus prospères ne suc-
cèderont-ils point à ces nouveaux
orages ! encore , si Palma était
hors de danger ! si ses jours étaient
en sûreté ! c'est pour elle seule que

tremble Dowisky ; elle seule l'in-
téresse. Enfin , pour se débarrasser
des villageois , lui et ses compagnons ne trouvèrent d'autre moyen
que celui de laisser achever à Sowiska , la ronde suivante :

R O N D E.

(1)

En rencontrant , un certain jour ,
Jeune tendron , que je préfère ,
Je voulus lui parler d'amour ,
Et pour cela s'mit en colère ,

Ah ! j'y dis : cette colère-là ,
mamzelle , passera bientôt , quand
vous saurez ,

Que chaque jour à l'avenant,

On pourrait ben, dans plus d'un cas,

Changer et r'changer d'sentiment,

Si l'on oubliait vos appas.

(2)

Alors, je la vis radoucir.

Est-ce, dit-elle, tout de bon ?

Oui, mamzelle, je vais mourir,

Si vous ne changez pas de ton.

Mourir, reprit-elle, mais vrai-
ment c'est du sérieux, oh ! je ne
veux point vous donner ce cha-
grin-là.

Dites, que faudra-t-il donc faire,

Pour retarder votre trépas?

Eh! ma toute belle, on doit faire

Ce que demandent vos appas.

(5)

Est-il bien sûr que vous m'aimez,
Me réqond alors la donzelle,
En doutez-vous, quand à vos pieds
Vous le jure un amant fidèle.

Ah ! dans ce cas, il n'y a pas à balancer, je me rends ; je consens à vous payer de retour ; oui, mais aussitòt

Qu'un amant doux, discret, sincère,
Ne fera point un faux serment,
Qui ressemble à l'onde légère,
Au sable emporté par le vent.

Sowiska avait à peine achevé de chanter ce couplet, qu'un nouveau paysan arriva, et se jeta parmi eux tout

tout effrayé. Ah ! mes amis, leur dit-il, nous sommes perdus.

— Explique-toi, que t'est-il arrivé, lui dit Sowiska ?

— Je m'en vais vous le dire, continua le nouveau venu : devant la baie d'Achkild, vient de débarquer un nombre épouvantable de ces brigands Arabes, qui, depuis si long-tems, dévastent ces contrées ; ils paraissent se diriger vers le château de Tarkow, et en vouloir venir aux mains avec le Myrsas.

— O ciel, s'écria Dowisky, quel soupçon. Olmar, ces brigands sont peut-être la troupe qui nous a atta-

O

qués ; Sidone a voulu qu'ils ser-
vissent son ressentiment.

— O mon bon maître ! se pour-
rait-il ?

— Rien de plus vraisemblable ,
Olmar ; mais volons au château ,
volons à leur rencontre ; ce serait
une lâcheté à nous d'abandonner
mon père, tout barbare qu'il est ,
dans un péril semblable.

Il dit : et, malgré les instances
de Palma, qui tremble pour sa vie ,
il la remet entre les bras de ses
parens ; et d'un trait rapide, il s'é-
loigne d'eux avec Olmar, en lais-
sant tous ces bons paysans ébahis

de cette aventure, et de l'étonnement d'apprendre que Dowisky
était le fils de Mohaban.

La rapidité de leur marche met
bientôt Dowisky à même de prévenir les Arabes. Ceux-ci arrivent
au château un moment après lui,
mais par la partie toute opposée à
la sienne. A peine le fils du Myrsas est sur le pont de la porte prin-
cipale, qu'il voit, à sa droite,
sous les murs du château, luire les
cimeterres, et tendre aux remparts
les échelles et machines de guerre
pour l'escalader. Mais quelle est sa
surprise ! un jeune homme monte

le premier à l'assaut : c'est sa mère,
l'infâme Sidone elle-même, dégui-
sée en Arabe. Cette femme auda-
cieuse semble diriger la troupe de
Korasky, et lui indiquer les issues
les plus faciles à surprendre.

Déjà le pont-levis s'est baissé à
l'approche de Dowisky et d'Olmar.
Ceux-ci ont donné l'allarme : les
sentinelles crient : aux armes ! et
les Arabes, de tous côtés, se pré-
cipitent avec impétuosité dans le
château. Le tocsin sonne ; les tam-
bours battent ; les soldats forment
une mêlée générale, pendant laquelle les principaux chefs com-

battent les officiers du Myrsas et
Dowisky. Ce dernier fait des pro-
diges de valeur ; il combat Korasky
avec un acharnement incroyable.
Mohaban arrive, et voyant son fils
dans un danger extrême, d'un coup
terrible , qu'il porte au chef des
Arabes, il l'étend mort à ses pieds.
Une escorte du Myrsas paraît ; et
celui-ci , se mettant à leur tête ,
se dirige vers l'intérieur du palais
pour le sauver de la fureur de ses
ennemis ; mais la foudre, qui serait
tombée avec fracas aux pieds de
Mohaban , n'aurait point imprimé
sur lui une terreur si forte , que

celle que produisit la vue de Sidone. Ils étaient parvenus sur une
terrasse d'orangers qui communi-
quait au jardin , lorsque cette dernière leur apparut. Elle était armée
d'un sabre et d'un poignard ; dans
ses yeux en fureur , on lisait l'en-
vie qui l'agitait ; c'était celle de
trouver sa rivale et de la poignar-
der. Mohaban , reconnaissant son
épouse , malgré son déguisement ,
l'entoura avec ses soldats ; et, l'ayant
faite prisonniére , ordonna qu'on
la conduisît dans un lieu sûr , en
disant , qu'il la réservait pour un
plus grand supplice.

L'indigne Sidone le prévint, et
adressant la parole au Myrsas :

» Mohaban, lui dit-elle, tu vois
» celle que la fureur et la soif de la
» vengeance ont amenée en ces
» lieux. Sidone outragée jura de
» périr ou d'immoler sa rivale. Si
» la fortune trop injuste se déclare
» pour toi , et si la victoire vient
» couronner tes armes , je te pri-
» verai du plaisir que tu te ré-
» serves : le sort me met encore
» une fois en ta puissance ; mais
» je saurai braver ses rigueurs , et
» avoir le courage de prévenir, par
» une mort volontaire , celle que
» tu me prépares. «

En disant ces mots, elle s'enfonça son poignard dans le cœur,
sans qu'on eût le tems de lui
arrêter le bras. Mohaban contemple
avec rage le dernier soupir de Sidone ; bientôt il laissa son corps
pour voler à de nouveaux périls,
et trouva lui-même le châtiment
que le ciel réserve au crime. Son
escorte l'ayant abandonné, Dowisky vit tomber, non loin de lui,
son père, atteint à la tête d'un coup
mortel. La vue de tant de désastres
redoubla le courage du fils du Myrsas ; aidé par ses soldats qui avoient
aussi ranimé leurs forces, il par-

vint à terrasser une grande partie
des brigands , et à faire prisonniers
les autres. Parmi ces derniers , Dowisky reconnut l'infâme Morabdin,
de qui il apprit comment Sidone
sy était prise pour mettre le capitaine dans ses intérêts ; que celui-
ci , rendu à ses conseils , avait em-
brassé sa cause , et juré de lui livrer
ses ennemis, morts ou vifs ; qu'ensuite, quoique le nombre de ses soldats fût inférieur à celui du Myrsas ,
la position du château lui ayant fait
présager d'avoir l'avantage sur lui ,
ils s'étaient mis en marche , après
avoir trouvé Morabdin attaché dans

la caverne , à la place de Dowisky ;
que l'évasion de celui-ci et d'Olmar
avait hâté leurs pas, et que Sidone en
même tems , à la faveur de son tra-
vestissement, avait voulu les accompagner dans l'expédition.

Après tous ces détails , Dowisky
fit enchaîner les prisonniers, et voulut les livrer au Schmkal , pour en
faire justice lui-même. Korasky , le
capitaine des Arabes, était mort dans
l'action ; et les trois héros , agens de
crimes et de forfaits , n'éxistaient
plus. Dowisky, agité par un excès de
sensibilité exemplaire , donna quelques larmes à la mémoire des au-

teurs de ses jours ; et ensuite, il fit
annoncer à sa chère Palma, l'avantage et la nouvelle victoire qu'il venait de remporter. On la vit bientôt
arriver au château avec Oleïd et son
épouse. Tous quatre, entrelacés,
firent le serment d'être réunis pour
la vie ; et Dowisky, qui, par un
ordre émané du Schmkal, succéda à
son père, en qualité de Myrsas, as-
sura pour toujours à Palma un sort
heureux, dont l'amour et l'amitié
firent tous les frais.

F I N.

De l'Imprimerie de ROUGERON, rue
du Foin-S.-Jacques, N.º 265.

LARGEUR ET DISTANCE.

La largeur des allées & des avenues eſt aſſez arbitraire : on doit la fixer ſur la qualité du terrein ; ſur la grandeur à laquelle les arbres qu'on plante peuvent parvenir ; ſur l'étendue du terrein qu'on ſe propoſe de planter, & ſur la longueur des allées qu'on veut former ; ſur la façade des bâtimens, lorſque les allées ou les avenues tombent deſſus.

Les arbres ſubſiſtent bien plus long-tems & deviennent beaucoup plus grands dans les bons terreins que dans les mauvais ; mais pour que les files d'arbres établies dans un mauvais terrein, ſe montrént bien garnies, il faut planter plus ſerré que dans des terres fertiles, avec d'autant plus de raiſon, qu'outre qu'il faut moins de nourriture à un arbre de moyenne taille qu'à un arbre qui doît devenir fort haut, c'eſt que les arbres plantés en allées ont beaucoup d'eſpace pour étendre fort loin leurs racines dans une direction perpendiculaire aux files d'arbres.

Les allées & les avenues doivent former un berceau très-élevé ; mais les branches des arbres d'une file ne doivent point s'entrelacer, ni même joindre celles de l'autre file : il doit reſter dans toute la longueur un vuide au milieu, qui y conſervant l'air dans l'intérieur, empêche de périr tout ce qui eſt au-deſſous. Il eſt donc néceſſaire de tenir les allées que l'on plante d'arbres qui doivent devenir fort hauts, beaucoup plus larges que celles qu'on fait avec des arbres de moyenne taille.

La largeur ordinaire, mais qui cependant ne fait pas regle, eſt de cinq à ſix toiſes quand une allée